AF495066

ORDRE DES AVOCATS
AU CONSEIL D'ÉTAT ET A LA COUR DE CASSATION

L'ŒUVRE

DE LA

JURISPRUDENCE

DANS LE DOMAINE DES

QUESTIONS SOCIALES

DISCOURS

PRONONCE A L'OUVERTURE DE LA CONFÉRENCE DU STAGE
des Avocats au Conseil d'État et à la Cour de Cassation
Le 25 Novembre 1899

PAR

CHARLES ROBERT
Avocat à la Cour d'Appel
Docteur en Droit

(Imprimé aux frais de l'Ordre.)

L'ŒUVRE

DE LA

JURISPRUDENCE

DANS LE DOMAINE DES

QUESTIONS SOCIALES

Monsieur le Président,

Messieurs,

Mes chers Confrères,

L'inflexibilité qui fait la grandeur de la loi écrite en décèle aussi la faiblesse, et l'harmonie grandiose des codifications ne couvre pas longtemps leurs imperfections et leurs insuffisances. L'histoire, de ce point de vue comme de tous les autres, a ses justes sévérités et comporte ses inévitables désillusions. Napoléon, revenu de l'orgueil de ses Codes, s'écriait un jour qu'il faudrait les refaire trente ans après ! Le mot, s'il n'était pas sans exagération, n'était pas non plus sans vérité et il revenait à la jurisprudence française de ce siècle, timidement éclose dans l'humble prétoire des Tribunaux inférieurs ou solennellement édifiée dans la grand'Chambre de la Cour suprême, d'attester son exactitude relative. La complexité et la diversité sans cesse croissantes des faits sur lesquels le juge avait nécessairement à modeler l'interprétation des textes allaient, en effet, rendre de jour en jour plus manifestes les lacunes de l'œuvre du législateur et nécessiter bientôt l'élaboration d'un véritable droit non écrit se dégageant peu à peu des formules trop étroites de la loi, accusant leur insuffisance pour s'efforcer d'y remédier et faisant surgir de leurs moules vieillis la substance des refontes législatives de l'avenir.

Le spectacle qui se préparait ainsi ne devait point, d'ailleurs, s'offrir au regard de l'historien comme une nouveauté. Rome en avait connu d'autrement significatifs à cet égard. Notre théorie jurisprudentielle de l'assurance sur la vie ou de l'inaliénabilité de la dot mobilière ne pouvait que rappeler, à deux mille ans de distance, l'ingénieuse fécondité du droit prétorien[1] et vérifier à nouveau cette grande loi sociologique que, « quoiqu'on fasse, et si étroitement qu'on veuille l'enfermer sous l'appareil législatif, le pouvoir qui juge trouve toujours quelque fissure pour en sortir, aller de l'avant et préparer la voie au pouvoir qui fait la loi[2]. »

(1) Il convient d'observer, pour rester dans la vérité historique, que le droit prétorien, à Rome, n'a pas été le produit véritable « d'une heureuse usurpation du préteur ou des magistrats similaires ». Son fondement juridique doit être cherché plutôt, ainsi que l'établit M. Paul-Frédéric Girard (*Droit Romain*, p. 40), dans l'exercice du pouvoir spécial d'organiser les procès que la loi Æbutia avait conféré aux magistrats.

(2) Raymond Saleilles, *Les accidents de travail et la responsabilité civile, Essai d'une théorie objective de la responsabilité délictuelle*, p. 1.

Ce fut, en effet, pour le juge, sous l'empire de la loi écrite, une tentation éternellement renouvelée de rompre les mailles trop serrées du texte qui embarrasse sa sentence et d'échapper à la tyrannie de la lettre qui opprime sa conscience. Inclination naturelle de l'esprit humain à l'indépendance! disent les moins respectueux. Manifestation saisissante, répondent heureusement les autres, de la loi primordiale de la vie et du progrès qui restent encore, dans l'ordre sociologique, l'antipode de l'immobilité, et dont l'évolution incessante déconcerte et dépasse toujours les prévisions du plus hardi codificateur.

Chaque génération, en effet, n'apporte-t elle pas à l'observation de l'historien son lot de surprenantes transformations? N'apporte-t-elle pas aussi à l'œuvre judiciaire son tribut de matériaux inattendus? Et cependant, le juge, régulateur de l'ordre social, ne doit jamais se dérober aux nécessités pressantes de sa fonction. Comment alors pourra-t-il demeurer le prisonnier impassible d'une législation surannée ou le silencieux complice d'une imprévoyance législative qui le conduirait peut-être au déni de justice? Serviteur de la loi, il l'appliquera; mais cette application même le forcera à sortir de l'impassibilité dans laquelle on croyait l'avoir enfermé. L'irrésistible impulsion de la vie vaincra l'inertie de la loi et l'œuvre prétorienne s'ébauchera, préparant inconsciemment les assises des monuments législatifs prochains.

Cette œuvre, nul mieux que vous, Messieurs, n'en put jamais suivre la patiente élaboration au cours de ce siècle. Vous n'en avez pas été seulement les spectateurs les plus attentifs ; vous lui avez encore apporté la contribution précieuse de votre éloquence et de vos studieux écrits. Et lorsque j'ai eu le grand honneur, redoutable et envié, d'être choisi pour livrer aujourd'hui à vos esprits le fruit d'une étude appropriée à cette reprise solennelle des travaux de la Conférence, j'ai eu l'ambition de faire revivre à vos yeux l'un de ces spectacles auxquels l'étude minutieuse des arrêts vous a dès longtemps accoutumés et de redire ce qu'a été au dix-neuvième siècle, l'œuvre de la Jurisprudence française dans le domaine des questions sociales.

Dans quel autre domaine, en effet, se vérifierait mieux la merveilleuse fécondité de cette jurisprudence ? Nulle part le juge n'a trouvé la loi si vite et si longtemps rebelle à répondre aux besoins nouveaux ou aux aspirations nouvelles du siècle.

L'ouvrier, on l'a dit avec infiniment de raison, avait été « presque entièrement oublié dans notre Code civil[3] ». Le législateur du premier Empire, après avoir largement réglementé les contrats usuels du droit civil, semblait avoir ignoré le plus fréquent de tous, le contrat de travail, et pour le régler, deux dispositions lui avaient suffi, l'une traduisant cette vérité presque banale « qu'on ne peut engager ses services qu'à temps[4] », l'autre consacrant une dérogation regrettable aux règles ordinaires de la preuve et reconnaissant au maître une sorte de privilège de sincérité en déclarant qu'il serait cru sur son affirmation pour la quotité des gages ou le

(3) Glasson, *Le Code civil et la Question ouvrière*, p. 6.
(4) Art. 1780 du Code civil.

paiement des salaires [5]. C'était assez déjà pour provoquer l'embarras du juge. Mais de combien encore ne devait pas s'augmenter la difficulté de sa tâche avec le prodigieux développement de l'industrie moderne.

Les rédacteurs du Code civil n'avaient pas prévu et ne pouvaient en vérité prévoir la révolution qui s'accomplirait après eux dans le monde du travail. La grande industrie prenant son essor, l'outillage se transformant, la machine détrônant l'outil, l'usine absorbant l'atelier familial d'autrefois, l'ouvrier désertant celui-ci pour s'enrôler dans l'armée qui se presse toujours plus compacte aux portes de celle-là; la femme, l'enfant lui-même obligés de l'y suivre, soumis au même labeur, exposés aux mêmes dangers : Autant de transformations qu'on n'entrevoyait point il y a un siècle! Autant de situations nouvelles qui de longtemps encore ne devaient pas conquérir la sollicitude du législateur et en présence desquelles pourtant le magistrat a été bientôt placé par l'exercice le plus régulier de sa fonction !

En même temps, comme pour compliquer sa tâche, la conception sociale qui s'était traduite dans la loi a cessé, par l'effet d'une évolution autrement gênante pour le juge, de répondre aux aspirations nouvelles de ce siècle. Le législateur de la Révolution et du premier Empire, au souvenir des réglementations oppressives de l'ancien régime, s'était tourné vers la liberté. En elle il avait vu la base seule nécessaire, seule indestructible de l'ordre économique et social à venir. Et d'elle, que n'avait-il pas attendu? La charité spontanée

(5) Art. 1781 du Code civil.

devait suffire à tout et à son souffle large et vivifiant, rivalité du pauvre et du riche, misère, souffrance, s'évanouiraient, lui semblait-il, et deviendraient bientôt un chapitre oublié de l'histoire de l'humanité. « Il y aura illumination dans les mansardes ! » avait dit Camille Desmoulins.

C'est sur cette conception que la société moderne avait été édifiée et sur cette illusion qu'elle a d'abord vécu. Le rêve s'est malheureusement dissipé au tumulte des revendications et des luttes sociales. Notre siècle, en effet, n'a pas cessé de connaître, suivant l'expressive image du cardinal Manning, « ces abîmes creusés entre les classes, ces contrastes abrupts entre des lots de délices et des destinées de misère », et il a, par contre, désappris la résignation de la pauvreté. L'humanité a donc continué d'exhaler sa plainte. Une fois de plus sa souffrance s'est exaspérée au souvenir des promesses mal tenues, des rêves irréalisés et une aspiration nouvelle s'est fait jour : Il faut à la liberté un contrepoids ! Puisque les prescriptions morales, les sanctions ou les récompenses que la religion fait espérer ailleurs ne suffisent pas à assurer le règne de la douceur et de la charité entre les hommes, qu'on en vienne à la contrainte, aux réglementations, aux prescriptions légales, aux contrôles et aux sanctions judiciaires ! Qu'enfin l'impératif de l'Evangile et des puissances spirituelles devienne aussi celui de la loi et des pouvoirs humains !

Mais cette aspiration qui explique et résume le mouvement social actuel n'a pas trouvé de sitôt sa formule concrète dans la législation. Bien avant de dominer l'œuvre législative, c'est l'œuvre judiciaire qu'elle a impressionnée. Et chaque jour, en effet, le magistrat a été sollicité de vivifier de l'esprit nouveau sa jurisprudence traditionnelle et de l'humaniser, si j'ose dire, en prêtant l'appui de ses arrêts à des faiblesses que la loi semblait bien ne pas protéger encore.

C'est assez dire, Messieurs, la difficulté de la tâche qui s'est imposée à lui, et aussi le patient effort qu'il a dû faire pour la mener à bien. Cet effort, je voulais le surprendre et le suivre dans toutes ses manifestations. Mais à la déconcertante multiplicité des décisions dans lesquelles j'en pouvais recueillir le dépôt et à l'ampleur des problèmes sociaux auxquels elles touchaient, j'ai vite pu mesurer la témérité de mon entreprise. J'ai du m'imposer plus d'une élimination, plus d'un raccourci, et l'étude que je comptais faire s'est réduite aux proportions de l'essai le plus modeste.

Négligeant tous les problèmes auxquels le juge n'a pu donner, par la force des choses, qu'une solution trop incomplète ou trop imparfaite, je me suis efforcé du moins de mettre en lumière ceux sur lesquels l'évolution de la jurisprudence a été le plus large dans ses mouvements ou le plus efficace dans ses résultats.

Les uns, plus généraux peut-être, m'ont conduit d'abord au cœur de la famille ouvrière pour m'y révéler une double faiblesse personnifiée dans l'enfant et dans la femme. Les autres m'ont placé en face de l'ouvrier lui-même attendant du juge la sauvegarde des trois biens qui restent encore, ici-bas, le meilleur lot du travailleur : son salaire, sa santé, sa liberté. Tous m'ont permis de retrouver sous l'infinie diversité des espèces et des arrêts, l'harmonieuse unité d'une aspiration vers le mieux qui a secrètement déterminé le juge à rendre toujours plus positive la sanction du devoir moral.

***

C'est ainsi que la jurisprudence a été d'abord conduite à assurer le contrôle judiciaire de la puissance paternelle avec le secours d'une législation qui ne semblait guère pourtant l'y convier.

Sans doute, entre la conception romaine qui faisait de cette puissance un droit absolu, constitué dans l'intérêt du père sur la personne ou les biens de l'enfant et la tradition coutumière qui limitait les droits des parents aux nécessités de l'accomplissement de leurs devoirs, les rédacteurs du Code n'avaient guère hésité à choisir [6]. Hautement, ils avaient affirmé que l'autorité des père et mère sur leurs enfants « n'a directement d'autre cause et d'autre but que l'intérêt de ceux-ci, qu'elle n'est pas à proprement parler un droit mais seulement un moyen de remplir dans toute son étendue et sans obstacle un devoir indispensable et sacré [7] ». Mais ils avaient reculé devant la conséquence logique à laquelle cette affirmation les aurait dû conduire et ils n'avaient pas proclamé que l'exercice des droits du père serait inséparable de l'accomplissement de ses devoirs.

(6) G. Drucker, *La Protection des enfants maltraités et moralement abandonnés*, p. 19 et suiv. — P. Dormand, *Déchéance de la puissance paternelle sur la personne de l'enfant*, *p. 9*. — De Loynes, note sous C. d'Agen, 6 novembre 1889, D. 1890, 2, 29.

(7) Discours au Corps législatif de l'orateur du Tribunat Albisson, *Locré*, t. VII, p. 82.

En dehors du cas assez rare où les parents auraient à demander l'incarcération de l'enfant, appelant ainsi d'eux-mêmes l'autorité publique au secours de leur propre magistrature, ils n'avaient pas organisé le contrôle du pouvoir domestique par le pouvoir social et encore moins avaient-ils prévu une déchéance possible de la puissance paternelle.

Peu après, il est vrai, le Code pénal en avait édicté la privation à l'encontre des père et mère convaincus d'avoir favorisé habituellement la débauche et la prostitution de leurs enfants mineurs [8]. Mais qui l'oserait croire? Dans ce cas même où plus rien ne justifiait le maintien du pouvoir paternel, les parents condamnés n'étaient déchus qu'à l'égard de celui des enfants qui avait été victime de leur révoltante immoralité, et à l'égard des autres leurs droits demeuraient intacts! Voilà tout ce que le législateur semblait avoir trouvé pour sanctionner les devoirs augustes de la paternité. Voilà tout ce qu'avait réclamé, à ses yeux, la protection de l'enfance. Et Dieu sait pourtant quelles douloureuses constatations réservait au juge le siècle de l'alcoolisme!

Bientôt il fallut convenir que la loi n'avait pas fait la part des perversions humaines, qu'elle avait mis une confiance par trop aveugle dans l'instinctive affection du père pour l'enfant, et que la déchéance elle-même dont le Code pénal flétrissait les parents proxénètes, ne pouvait suffire pour préparer, suivant le mot de Jean-Jacques, « des citoyens à l'Etat ».

Le magistrat moderne reprendra donc la glorieuse

(8) Art. 335, C. pén.

tradition des coutumes qui semblaient à jamais abolies. Lui aussi, il édifiera une jurisprudence qui ne le cédera ni en élévation ni en richesse à celle des anciens Parlements, et bientôt on pourra presque redire avec le jurisconsulte du XVIIIe siècle qu'en France « la question de l'éducation des enfants est arbitraire au juge [9]. »

C'est au lendemain de la promulgation du Code, tant l'insuffisance de ce dernier éclate rapidement, qu'on surprend le premier effort du juge dans ce sens ; et chose remarquable, c'est en affirmant la nécessité de maintenir la puissance paternelle dans toute sa force qu'il lui porte le premier coup. A l'enfant qui a tenté de se soustraire par la fuite à de mauvais traitements, il reproche avant tout d'avoir méprisé les « règles de la décence » ; mais il lui reconnaît en même temps le droit de s'adresser à la justice pour se faire désigner un lieu de refuge [10]. Par cette concession première d'un arrêt qui date déjà de près d'un siècle, le contrôle judiciaire s'affirme nettement en face de l'omnipotence du pouvoir paternel. Désormais, le droit de garde que le père tient de la loi, les Tribunaux l'en dépouilleront si l'enfant est victime de ses brutalités.

Puis l'investigation du juge se fait plus large. Il ne s'enquiert plus seulement des soins que réclame la santé physique de l'enfant [11]. Il s'inquiète de sa santé

(9) François de Cormis, *Consult.* Paris, 1735, t. II, p. 1128. — Comp. aussi sur la jurisprudence des anciens Parlements : Merlin, *Rép.* V° *Education*, § 1er, IV.

(10) C. de Caen, 31 décembre 1811. D. Rép. V° *Puissance paternelle*, n° 26, note 2.

(11) Trib. civ. de la Seine, 15 décembre 1869. D. 1869, 3, 104. — C. de Caen, 27 juillet 1876. D. 1877, 1, 61.

morale. L'inconduite notoire de la mère tutrice légale n'est plus seulement pour elle une cause de destitution de la tutelle. Les Tribunaux y voient une raison suffisante de lui retirer la garde et l'éducation de ses enfants[12].

Sans doute ils n'organisent pas à l'encontre des parents coupables la déchéance absolue de la puissance paternelle ; mais ils distinguent entre ses divers attributs et sagement ils neutralisent ceux dont on a usé au détriment de l'enfant[13]. Ils préviennent les excès en réprimant les abus, et si leurs arrêts rappellent encore que les restrictions ainsi apportées au pouvoir paternel n'équivalent pas à sa suppression[14], ils annoncent et préparent en réalité l'admirable législation protectrice de l'enfance maltraitée ou abandonnée, qui, en 1874 d'abord, pour les enfants employés dans les professions ambulantes[15], puis dans des termes plus larges en 1889[16], devait aller jusqu'à édicter la déchéance totale de la puissance paternelle.

Bien avant le législateur, le juge était ainsi parvenu à déclarer et à rendre le père de famille responsable vis-à-vis de la collectivité. Il avait réussi, autant que la réussite était possible, à protéger dans la personne de

(12) Req. 3 mars 1856. D. 1856, 1, 290 ; S. 1856, 1, 407. — 15 mars 1864. S. 1864, 1, 155. — Comp. Req. 27 janvier 1879. D. 1879, 1, 223 ; S. 1879, 1, 464. — Voy. cependant : Trib. civ. du Puy, 10 décembre 1869. D. 1870, 3, 64.

(13) Testoud, *Revue critique*, 1891, p. 18.

(14) Arrêt précité du 3 mars 1856.

(15) Loi du 7 décembre 1874 relative à la protection des enfants employés dans les professions ambulantes.

(16) Loi du 24 juillet 1889, relative à la protection des enfants maltraités ou moralement abandonnés.

l'enfant une faiblesse à laquelle la loi semblait avoir refusé son appui.

***

Mais voici qu'il s'en révélait une autre à laquelle le Code n'assurait qu'une protection trop souvent malencontreuse : celle de la femme dans la famille ouvrière.

Ce que la Société avait gagné au merveilleux essor de la production industrielle, la famille ouvrière l'avait, en effet, perdu en cohésion et la femme put vite mesurer ce qu'elle y avait perdu en bonheur. L'accroissement de la productivité avait eu ce premier effet d'éveiller chez tous des besoins nouveaux, d'imprimer à la lutte pour l'existence une âpreté que nos pères ne lui avaient pas soupçonnée et le jour où la fileuse d'airain triompha définitivement de l'antique rouet, ce fut la faim qui chassa l'épouse du foyer.

La voilà qui s'enrôle à l'usine. Désormais, « elle n'embrasse pas son enfant à la clarté du soleil ; elle ne le tient pas dans ses bras ; elle ne le dévore pas de ses yeux charmés ; elle n'assiste pas à ses premiers bégaiements ; elle n'a pas les prémices de ses premiers sourires [17] ». Est-elle assurée, du moins, de trouver par ailleurs la juste récompense de ce labeur incessant qui lui vaut, tout le long du jour, l'air anémiant de l'usine ou la promiscuité malsaine de l'atelier ? Hélas, trop souvent l'homme dont elle s'est faite la compagne ne sera pas pour elle le protecteur que le Code en avait voulu faire. Elle devra compter avec le cabaret toujours prêt à

(17) Jules Simon, *L'Ouvrière*, p. 187.

lui ravir ce qu'elle conservait d'espérance, et dans sa détresse, elle ne pourra pas toujours compter sur ce que le législateur a voulu mettre d'humanité dans la loi. Du mariage, si elle a mal réussi, il reste en face d'elle une autorité maritale oppressive et une communauté de biens dont la rigueur décourage par surcroît son activité. Cette liberté sainte qu'une voix respectée exaltait ici même « d'employer ses bras sans relâche pour donner plus de pain aux siens[18] », le Code ne la lui garantit pas puisqu'elle n'a pas le droit d'engager son travail sans l'autorisation du mari. Ce salaire qu'elle a payé de ses fatigues, le Code ne lui assure ni la faculté de le toucher, ni la possibilité de le soustraire utilement à la rapacité d'un mari débauché puisque celui-ci, seul chef de la communauté, seul maître des acquisitions réalisées au cours du mariage, peut exiger qu'il soit versé entre ses mains et en disposer à son gré.

A ces constatations, le dogme de l'autorité maritale gagna vite d'être remis en question. L'étendard révolutionnaire de l'émancipation féminine fut bientôt levé et si des excentricités de mauvais aloi mirent d'abord les plus sages en défiance contre ce féminisme subversif, un doute resta cependant. On se demanda si en faisant de l'autorité du mari le pivot de l'association conjugale, le législateur avait su faire à la personnalité de l'épouse la juste part qui lui revenait, si en faisant du régime de la communauté légale celui de la classe la plus nombreuse, il avait suffisamment protégé la femme de l'ou-

(18) Discours de M. le Président GEORGES DEVIN, à la séance d'ouverture de la Conférence du 20 novembre 1897.

vrier. Ce doute influença l'opinion et la jurisprudence elle-même ne fut pas sans en porter la trace.

Relisez les arrêts qui reconnaissent à la femme la qualité de mandataire tacite du mari. Vous y retrouverez déjà à son profit plus d'une hardiesse suggestive. Ici, c'est l'épouse séparée de fait à qui le juge conserve par une fiction généreuse l'avantage de ce mandat tacite grâce auquel elle pourra subvenir à ses besoins[19]. Là, c'est la femme délaissée que, par une dérogation à sa propre jurisprudence, la Cour suprême présume tacitement autorisée à louer ses services, comme si l'homme qui l'abandonna avait pu, en quittant le foyer conjugal, penser à autre chose qu'à déserter son devoir[20].

Songez encore par quelle large interprétation du « péril de la dot » le juge assure le bénéfice de l'article 1443 à la femme pauvre, pour laquelle cependant il ne semblait guère écrit, accordant la séparation de biens là où précisément il n'y a pas de biens, mais parvenant du moins à soustraire le salaire à venir de l'épouse aux dissipations du mari[21].

Rappelez-vous enfin les efforts incessants du juge pour décourager l'ouvrier qui veut faire main basse sur les économies de sa femme. Avant la législation de 1881 sur les caisses d'épargne, cet ouvrier s'adresse-t-il aux tribunaux pour vaincre la résistance des caisses qui refusent de lui rembourser les dépôts effectués par sa

(19) Req. 21 mars 1882. D. 1882, 1, 362 ; S. 1883, 1, 112.

(20) Req. 6 août 1878. D. 1879, 1, 400 ; S. 1879, 1, 65. — Comp. C. de Paris, 23 août 1851. D. 1852, 2, 10.

(21) C. de Paris, 2 juillet 1878. D. 1879, 2, 107 ; S. 1878, 2, 199. — C. d'Orléans, 6 juillet 1887. D. 1898, 2, 38. — C. de Dijon, 23 novembre 1893. D. 1895, 2, 21. — C. de Paris, 4 janvier 1895. D. 1895, 2, 494.

femme? Il obtient gain de cause sans doute, mais il est condamné aux frais de la procédure à laquelle il a dû recourir[22]. Après la loi de 1881, veut-il paralyser la faculté reconnue à la femme de retirer elle même ses économies? Une interprétation au moins rigoureuse de la loi l'oblige à recourir à un acte d'huissier pour manifester son opposition[23]. Se prévaut-il ensuite de ses droits de chef de communauté pour exiger le remboursement des dépôts? Les caisses d'épargne lui objectent son opposition préalable ; elles se considèrent comme tiers saisis, résistent à se libérer entre ses mains sans un jugement qui les couvre et les Tribunaux, loin de désapprouver leur attitude, condamnent encore le mari aux frais de la procédure à laquelle elles l'ont réduit[24].

Que si enfin un divorce intervient entre les époux, la jurisprudence va plus loin encore ; les Tribunaux s'efforcent d'attribuer à la femme la propriété même de son épargne, et dans nombre de cas, ils y parviennent en lui allouant partie ou totalité de ses dépôts à titre d'aliments[25].

Qui ne reconnaîtrait là, en vérité, les symptômes

(22) Trib. civ. de la Seine, 16 novembre 1875, *Journal des Caisses d'épargne*, 1887, p. 75. — Comp. Trib. civ. de la Seine, 26 janvier 1875, *ibid.*

(23) ALBERT AFTALION, *Les lois relatives à l'épargne de la femme mariée*, p. 103.

(24) ALBERT AFTALION, *op. cit.* pp. 110 et suiv. — Trib. civ, de Lons-le-Saunier, 1er juin 1891, *Journal des Caisses d'épargne*, 1891, p. 249. — Trib. civ. de Beauvais, 21 avril 1894, *ibid.* 1894, p. 176. — Trib. civ. de la Seine, 8 février 1891, *ibid.* 1892, p. 214.

(25) Trib. civ. de la Seine, 11 juillet 1893, et l'arrêt de la Cour de Montpellier, cités par M. AFTALION, *op. cit.*, p. 154.

significatifs de l'évolution si large insensiblement accomplie dans les mœurs, qui a déjà influencé le Parlement d'hier lorsqu'il élabora la législation dernière sur les caisses d'épargne et qui conduira celui de demain à donner la libre disposition de son salaire à la femme de l'ouvrier ?[26] Ici encore, le juge a senti avant le législateur que la famille, la famille ouvrière surtout, n'est pas la dernière à souffrir des entraves excessives mises à l'activité dévouée de la femme. Il a compris que dans les milieux où l'homme est souvent plus faible aux entraînements, l'épouse doit avoir la possibilité d'être plus forte à l'action ; et dans ses décisions on devine, avec la crainte vague de voir le dogme de l'autorité maritale sombrer sous ses propres excès, comme l'idée aussi que le salaire a toujours son caractère auguste puisqu'il est le premier et le plus légitime bien de celui qui l'a payé de son énergie et de ses lassitudes de chaque jour.

*
* *

C'est cette idée d'ailleurs qui, avant de se spécialiser au profit de la femme, dans la jurisprudence, avait profité d'une manière autrement large à l'ouvrier lui-même en lui assurant la première protection qu'il devait attendre du juge : je veux dire celle de son salaire.

Certes, dans une organisation économique où la participation directe du travailleur dans les bénéfices de la

(26) Propositions de loi de MM. Jourdan, Dupuy-Dutemps et Montaut d'une part, et de M. Goirand d'autre part. Ces deux propositions ont été combinées par la commission spéciale à laquelle elles avaient été renvoyées ; le texte définitif qui en est résulté a été adopté sans discussion par la Chambre des députés le 27 février 1895 et transmis au Sénat.

production demeure malheureusement à l'état exceptionnel, il est d'évidence que le salarié doit plus que tout autre pouvoir compter sur la rémunération forfaitaire de son travail. Et pourtant cette évidence ne s'était qu'à moitié reflétée dans les dispositions légales du commencement de notre siècle.

Sans doute, on y trouvait au profit d'une classe de travailleurs la concession d'un privilège susceptible d'atténuer pour eux les désastreuses conséquences de la déconfiture du maître. Gens de service, domestiques, maçons et ouvriers employés par un propriétaire y étaient en effet déclarés privilégiés pour leur salaire[27]. Mais vainement l'ouvrier de la grande industrie y aurait-il cherché pareil avantage : pour lui la règle de l'égalité des créances ne fléchissait pas. Le droit rigoureux de ses créanciers non plus, car la loi ne l'avait pas mieux traité comme débiteur et son salaire, toujours exposé à être compromis dans la ruine du patron, ne lui restait pas davantage assuré dans sa propre détresse. Les motifs qui n'avaient pas manqué au législateur pour proclamer l'insaisissabilité des traitements de fonctionnaires[28], des soldes de militaires[29] ou des gages de matelots[30] semblaient lui avoir fait défaut pour accorder la même protection aux salaires ouvriers. Tandis que l'aisance des possesseurs de rentes sur l'État trouvait dans la loi de l'an VII le moyen d'échapper

(27) Art. 2101 et 2103, § 4, C. civ.

(28) Loi du 21 ventôse an IX.

(29) Loi du 19 pluviôse an III.

(30) Ordonnance du 1er novembre 1745 (art. 3), et décret du 2 prairial an XI (art. 11).

à la plus légitime des poursuites, la misère du travailleur ne parvenait pas à trouver dans le Code la possibilité d'échapper à la plus rigoureuse des saisies. Enfin, comme pour mettre le comble à l'illogisme, le prisonnier lui-même était l'objet de la faveur qui n'était pas reconnue à l'ouvrier libre et une décision ministérielle de 1806 frappait le produit du travail du premier de l'insaisissabilité partielle qui n'avait point été inscrite dans la loi pour le salaire du second[31].

Telle était l'œuvre du législateur. Son imperfection, il faut l'avouer, était trop réelle pour ne point justifier toutes les interprétations propres à l'atténuer. Aussi bien ne manquent-elles pas. On tente d'abord d'assurer à l'ouvrier le paiement de son salaire en s'efforçant de le faire comprendre dans la catégorie des gens de service auxquels le Code civil reconnaît un privilège pour le paiement de leurs gages. Puis, la Cour suprême ayant condamné cette assimilation trop manifestement contraire au sens naturel des mots[32], l'ingéniosité du commentateur s'applique à découvrir dans l'économie de la loi le principe qui permettra d'étendre aux salaires le bénéfice de l'insaisissabilité. Dans cette recherche, l'interprétation se fait souvent plus généreuse que juridique. Elle recueille tout ce que peuvent contenir d'humanité les dispositions légales sur le paiement et la saisie-arrêt. Elle rappelle d'abord que le juge peut accorder des délais au débiteur malheureux ou surseoir à

(31) Décision ministérielle du 7 janvier 1806. D. Rép. V° *Saisie-arrêt*, n° 160.

(32) Civ. cass. 9 juin 1873. D. 1873, 1, 338 ; S. 1873, 1, 271. — C. de Paris, 24 avril 1837. S. 1837, 2, 225. — 1er août 1834. S. 1834, 2, 619.

l'exécution des poursuites dont il est l'objet[33], et elle en conclut que ce pouvoir implique celui de restreindre la saisie-arrêt pratiquée sur le salaire de l'ouvrier. Elle observe ensuite que le Code de procédure déclare insaisissables les instruments de travail de l'artisan[34], et elle établit que cette faveur serait illusoire si le produit même du travail pouvait être frappé de saisie. Elle montre enfin que le salaire a pour destination naturelle d'assurer la subsistance de l'ouvrier et de sa famille et qu'à ce titre il doit bénéficier de la même protection que les prestations alimentaires constituées par testament ou adjugées par justice [35].

D'aussi généreux efforts ne restèrent point sans résultat. L'insondable détresse du débiteur pauvre qui faisait sa faiblesse au regard du créancier devint sa force au regard du juge. La jurisprudence des cours d'appel l'attesta de bonne heure, et plus d'un demi-siècle durant, elle demeura comme le refuge incontesté de la misère et l'asile suprême du malheur [36]. Un instant, la Cour de cassation essaye bien de la ramener à une compréhension plus juridique des droits du créancier[37]. Mais le juge du fait connaît mal la sérénité du jurisconsulte de cabinet. Il résiste, et dans sa résistance, le plus louable sentiment d'humanité lui inspire les plus curieuses de ses décisions. Dans l'une, il déclare que l'homme ne peut être dépouillé de tout le pro-

(33) Art. 1244 C. civ.

(34) Art. 592, 6° C. proc. civ.

(35) Art. 581. C. proc. civ.

(36) Voyez notamment : C. de Paris, 29 juillet 1811, D. Rép, V° *Saisie-arrêt*, n° 180, note 2. — 7 juillet 1843. S. 1843, 2, 493.

(37) Req. 22 nov. 1853, D. 1853, 1, 321 ; S. 1854, 1, 31.

duit de son travail sous peine « d'être hors de la Société et de rentrer dans l'état de nature qui lui aurait procuré des aliments par des voies auxquelles les lois de la Société l'obligent à renoncer »[38]. Dans une autre, il proclame que « le travail est une obligation imposée à l'homme par Dieu lui-même comme condition de sa subsistance et que c'est dès lors entrer dans le dessein de la divinité et assigner au produit du travail la première et la plus importante destination que d'en affecter une partie à l'alimentation de ceux qui s'y livrent »[39].

Finalement, la Cour suprême revient sur sa jurisprudence première et un arrêt de la Chambre civile reconnaît que « si les salaires des ouvriers ne sont pas déclarés insaisissables par la loi, il appartient néanmoins au juge, en usant de ce pouvoir avec une grande réserve, d'apprécier si ces salaires, en raison de leur nature et de la position du débiteur, peuvent être considérés comme alimentaires et, à ce titre, être affranchis, soit pour partie, soit même pour le tout, suivant les circonstances, des effets de la saisie »[40].

Le juge était ainsi parvenu à humaniser une loi inhumaine et une fois de plus son œuvre de la veille annonçait celle des législateurs du lendemain.

En proclamant l'insaisissabilité partielle des salaires, la loi du 12 janvier 1895 n'a fait que consacrer le

(38) Trib. civ. de Marseille, S. 1860, 1, 504, *ad notam*.

(39) C. de Caen, 21 janvier 1869. D. 1874, 5, 440; S. 1870, 1, 53. — Comp. C. de Rouen, 26 mars 1859, D. 1859, 2. 157; S. 1860, 2, 135.

(40) Civ. rej. 10 avril 1860, D. 1860, 1, 166; S. 1860, 1, 502. — Voyez en outre : Req. 29 mai 1878. D. 1879, 1, 22; S. 1879, 1, 64. — C. de Bordeaux, 11 mars 1892. D. 1892, 2, 595. — C. de Paris, 14 mars 1894. D. Rép. Suppt. V° *Saisie-arrêt*, n° 75, note 1.

principe dont s'inspiraient depuis de longues années les Tribunaux. Elle l'a complété sans doute en réduisant la portion saisissable au dixième, en restreignant dans la même limite la cessibilité du salaire, en simplifiant la procédure de la saisie-arrêt et en protégeant aussi l'ouvrier contre les dangers des économats patronaux; mais elle n'en reste pas moins comme l'une des dernières réformes législatives que la jurisprudence ait le plus utilement contribué à préparer et le plus efficacement permis d'attendre puisque, bien avant elle, l'ouvrier avait tenu du magistrat l'assurance positive et consolatrice que son labeur ne resterait pas pour les siens sans profit direct.

***

Cette assurance ne pouvait cependant suffire au travailleur moderne; il fallait encore que le travail n'engendrât pas de lui même la misère compliquée de bien d'autres douleurs et que le sort de l'ouvrier et de sa famille ne dépendit pas d'un coup de grisou ou d'une explosion de chaudière. C'était la question des accidents de travail qui se posait ainsi dans toute sa complexité.

Aucun texte spécial, vous le savez, Messieurs, n'y répondait expressément dans la codification de 1804. Le législateur de l'époque semblait avoir méconnu les risques du travail humain et nulle part les accidents de métier n'étaient prévus et mentionnés dans le Code.

L'absence de textes spéciaux imposa donc naturellement ici le recours au droit commun et lorsqu'on se demanda dans quelle disposition légale il le fallait chercher, l'article 1382 s'offrit de lui-même comme le texte substantiel dans lequel le législateur semblait l'avoir condensé. Que peut, en effet, demander à son patron le travailleur estropié? La réparation pécuniaire du mal qu'il a souffert. Or justement cet article, dans sa généralité, apparaît comme l'inépuisable ressource des maux irréparés. C'est donc lui, semble-t-il, qui doit devenir la mesure judiciaire de la responsabilité patronale.

Mais à la réflexion, il est aisé de sentir tout ce que l'ouvrier y pourra perdre. Subordonner le succès de son action à la preuve que l'accident est arrivé par la faute du patron — et l'article 1382 le veut ainsi — c'est d'avance assurer sa défaite toutes les fois que la cause de cet accident demeurera manifestement inconnue. C'est même la préparer dans tous les cas en imposant toujours à l'ouvrier la preuve la plus délicate qui puisse jamais incomber à un plaideur, et dans les conditions les plus défavorables qui se puissent jamais réaliser.

Ce qu'exige de lui ce droit commun strictement entendu, ce n'est point seulement, en effet, la démonstration déjà pénible d'une faute de son patron; c'est encore la preuve que cette faute a été la cause véritable du préjudice dont il demande réparation. Problème autrement délicat et embarrassant, car sa solution comporte indéniablement la plus périlleuse des recherches. Il faut retrouver l'enchaînement des faits, il faut rétablir après coup leur ordre nécessaire et fatal. Il faut surtout rapprocher l'acte fautif du maître de la conséquence dommageable qu'on lui attribue et conduire l'esprit du juge de l'une à l'autre par une déduction ininterrompue. Dans ces conditions, le fardeau de la preuve ne peut pas être une vaine expression. Pour la victime, il prend déjà de lui-même tout le caractère de la plus écrasante des réalités.

Mais il l'emprunte par surcroît aux circonstances mêmes dans lesquelles il s'impose à l'ouvrier. C'est sur le lit d'hôpital où il ressent sa première souffrance que le malheureux doit retrouver son premier souvenir. C'est contre le patron de qui il espère son premier secours qu'il doit préparer sa première enquête et ce n'est pas toujours de ses compagnons d'atelier qu'il doit attendre son premier soutien. Le temps presse et l'argent lui manque. Les lumières aussi, et s'il se heurte enfin à l'égoïsme du patron, il le trouve armé de tout ce qui fait défaut à sa faiblesse ou à son ignorance. Les témoignages qu'il n'a pu provoquer encore, le patron les a déjà recueillis pour sa défense; les conseils qu'il recherche encore, le patron les a dès longtemps mis à profit et le jour où le zèle intéressé de quelque agent d'affaires l'aura conduit devant le juge, il pourra mesurer à la difficulté de la preuve qui lui incombe, la faiblesse des moyens dont il disposait pour la préparer.

Voilà bien ce qu'il fallait se résoudre à constater si le droit commun de la responsabilité délictuelle demeurait strictement applicable aux accidents de travail. La question de preuve y domine le droit de la victime de toute la hauteur d'un principe inexorable, elle embarrasse son triomphe de toutes les difficultés d'une démonstration compliquée; elle est tout le procès et elle demeure par là même l'invincible obstacle où doit presque fatalement échouer la prétention de l'ouvrier.

Beaucoup de généreux esprits se sont mal résignés à cette constatation. Frappés de la situation difficile que l'article 1382 fait à la victime, ils ont cherché ailleurs un remède. Ils ont observé ce qu'il y a de contradictoire et d'illogique à vouloir régler les rapports juridiques de l'ouvrier et du patron, enserrés dans les liens du contrat de travail, au moyen d'un texte qui suppose précisément l'absence de toute convention antérieure. Ils ont trouvé dans le Code cette règle générale que « les conventions obligent à toutes les suites que l'équité donne à l'obligation d'après sa nature », et facilement, ils en ont déduit que le patron ne doit pas seulement à l'ouvrier le salaire promis. Il lui doit autre chose, et en vertu même du contrat de louage. Il lui doit la sécurité. Mais alors, si un accident se produit, l'événement fait présumer qu'il ne s'est pas acquitté de sa dette : c'est donc à lui de démontrer qu'il a rempli son obligation, qu'il a satisfait dans l'organisation du travail à toutes les règles de la prudence, et s'il n'y réussit pas, la victime trouve dans le contrat de louage lui-même un titre suffisant pour établir sa créance d'indemnité[41].

(41) Marc Sauzet, *De la responsabilité des patrons vis-à-vis des ouvriers dans les accidents industriels (Revue critique*, 1883, p. 596 et suiv.) — Sainctelette, *De la responsabilité et de la garantie*. — *Les accidents du travail, la jurisprudence qui s'éloigne et la jurisprudence qui s'approche*. — Labbé, notes dans *Sirey* : 1871, 1, 9; 1885, 4, 25; 1886, 2, 97; 1886, 4, 25; 1889, 4, 1; 1894, 2, 57. — *La responsabilité délictuelle et contractuelle* (*Revue critique*, 1886, p. 443 et 1887, p. 449).

Le droit commun des contrats paraissait ainsi assurer à l'ouvrier l'avantage que lui refusait le droit commun des quasi-délits, puisqu'il le déchargeait semblait-il la preuve la plus accablante et réduisait son rôle de demandeur à la démonstration si aisée de l'existence du contrat de travail.

C'était beaucoup, et cela sembla peu encore. De l'aveu même de ses partisans les plus convaincus, la thèse contractuelle que je viens de rappeler, si elle permettait de mettre à la charge du patron les accidents mystérieux dont la cause demeurerait inconnue, laissait au moins à la charge de l'ouvrier la force majeure, c'est-à-dire « tous ces coups du sort qu'il est dans la triste destinée de l'homme de ne pouvoir pressentir ou éviter [42] ». C'était juridique ; mais on se demanda bientôt si c'était en outre d'une bonne justice sociale, et ici encore, l'évolution accomplie dans le domaine industriel contribua singulièrement à préparer le mouvement des idées.

La comparaison s'imposa de l'usine moderne avec l'atelier des anciens temps, et de cette comparaison on retint ceci : l'ouvrier de ce siècle n'a plus dans la production toute la part qu'y prenait le compagnon d'autrefois. La machine est l'essentiel; lui n'est plus guère que l'accessoire; elle seconde si bien son œuvre qu'elle arrive à la dominer; elle multiplie si bien son énergie qu'elle finit par absorber sa personnalité. A vrai dire, c'est elle qui produit, bien plus qu'il ne produit lui-

(42) SAINCTELETTE, *De la responsabilité et de la garantie*, p. 159. — MARC SAUZET, *op. cit.*, p. 685.

même; c'est elle aussi qui le blesse, bien plus qu'il ne se blesse lui-même, et comme son pouvoir de destruction ne le cède pas à sa puissance de production, il reste vaguement à l'esprit des plus avisés qu'un jour le machinisme aura sa rançon à payer. Puis, l'idée se fait plus pressante à mesure que les revendications ouvrières deviennent plus tapageuses : Cette machine qui blesse ou qui tue le travailleur n'est-elle donc pas la propriété du patron? Et s'il revendique le bénéfice de sa production, ne doit-il pas supporter les conséquences de ses méfaits? Il n'est pas seulement le directeur de l'usine, il est aussi et surtout le propriétaire de son outillage. L'explosion d'une chaudière ne fait donc pas naître pour lui une question de responsabilité; c'est une question de risques qu'elle pose, et cette question se résout d'elle-même contre lui, en dehors de toute appréciation de sa conduite. Dès lors, la conception ancienne d'une responsabilité patronale fondée sur l'idée de faute n'est plus; c'est la théorie du risque professionnel qui la supplante, autrement avantageuse à l'ouvrier, autrement dure au patron, dernier terme en tout cas de l'évolution qui, depuis le Code, s'était accomplie dans les idées sur cette question des accidents du travail.

Cependant, qu'avait fait le juge depuis 1804? Dans quel esprit avait-il décidé sur les innombrables procès d'accidents, et de cette loi qui ne parlait pas de la responsabilité du patron, qu'avait-il conclu pour la définir? Il avait jugé sur les articles 1382 et suivants du Code civil et toujours il s'était obstinément refusé à chercher dans le contrat de travail le fondement de la responsabilité patronale. En cela, son obstination avait procédé d'ailleurs non pas d'un esprit de routine aveugle, mais de la clairvoyance la plus compatissante au malheur.

L'avantage qu'on se faisait fort de donner à la victime avec la théorie contractuelle lui était apparue en effet comme très problématique, et il avait au contraire parfaitement senti tous les dangers certains auxquels on l'exposait avec elle.

Pour aboutir au renversement de la preuve, qui était l'objectif de cette thèse, la clause tacite qu'il fallait sous-entendre dans le contrat n'était pas, en effet, une promesse banale de vigilance à l'endroit de l'outillage ou de surveillance à l'endroit de l'ouvrier. Il fallait aller jusqu'à dire que le patron s'était engagé « à conserver l'ouvrier sain et sauf au cours de l'exécution du travail» et qu'il devait à chaque instant, suivant l'expressive formule de M. Sauzet, « pouvoir le restituer, le rendre à lui-même valide comme il l'avait reçu ». Alors, mais alors seulement, l'accident pouvait juridiquement faire présumer la faute du patron et assurer à l'ouvrier un droit à indemnité, lorsqu'il prouvait simplement que cet accident était survenu au cours de son travail. Or, rien n'était moins aisé au juge que de supposer à la charge du chef d'industrie une promesse de sécurité aussi absolue. Comment croire, en effet, que le patron, maître du contrat, eût bénévolement consenti à prendre ainsi à sa charge le risque intégral de l'industrie. Tout ce qui se pouvait raisonnablement supposer, c'est qu'il s'était engagé à fournir un outillage exempt de défauts et à observer dans l'organisation du travail les règles de la prudence. Mais alors, de ce qu'un accident survenait, il ne s'ensuivait plus qu'il eût manqué à son obligation.

Il revenait encore à l'ouvrier, puisqu'il était demandeur, d'établir que le patron n'avait point tenu sa promesse, qu'il n'avait pas livré des instruments ou des machines en bon état ou qu'il avait manqué à la surveillance promise. La théorie de la responsabilité contractuelle n'aboutissait donc pas fatalement à l'interversion de preuve qu'on recherchait[43].

Par contre, elle risquait à deux autres points de vue de se retourner contre l'ouvrier lui-même qu'elle avait voulu protéger.

Expliquer la responsabilité patronale par un accord tacite de volonté, c'était en effet, d'une part, reconnaître au patron le droit de s'en décharger par une clause expresse d'exonération qui fut vite devenue de style dans les formules d'engagement de travail. C'était en tout cas, d'autre part, donner à cette responsabilité une mesure autrement étroite pour le plus grand profit du patron puisque dans les contrats, la responsabilité ne s'étend pas en principe à la faute la plus légère[44].

En restant sur le terrain du quasi-délit, la jurisprudence permit facilement à l'ouvrier d'éviter ce double écueil. Les Tribunaux y furent toujours à l'aise pour proclamer la nullité de toutes les clauses qui, dans les règlements d'ateliers, dans les règlements des caisses de secours mutuels subventionnées par le patron, et même dans les polices d'assurance, auraient eu pour

(43) Glasson, *Le Code civil et la Question ouvrière*, p, 32. — Saleilles, *op. cit.*, p. 16. — Voyez également l'article de M. Arthur Desjardins : *Le Code civil et les Ouvriers* (*Revue des Deux-Mondes*, du 15 mars 1888).

(44) Glasson, *op. cit.*, pp. 30 et 31.

effet direct ou indirect d'affranchir le maître de la responsabilité de ses propres fautes[45]. Mais ils n'y furent pas moins à l'aise non plus pour apprécier avec sévérité la faute reprochable au patron, et certes la sévérité n'a pas fait défaut.

A mesure que l'outillage devient plus dangereux, on voit l'exigence du juge se faire plus minutieuse. Il ne suffit plus au patron de prendre les précautions que les règlements administratifs lui imposent[46]: sa vigilance doit dépasser celle des pouvoirs publics. Elle doit aussi dépasser sans cesse celle de ses concurrents, car il se verra reprocher de s'en être tenu aux précautions usitées dans des métiers similaires du sien et de n'avoir pas adapté à son usine les perfectionnements qui se rencontrent dans des industries analogues[47]. Un arrêt lui impute de n'avoir pas fait preuve d'une prudence exceptionnelle pour son personnel[48] et un autre de n'avoir pas inventé pour ses ouvriers le moyen de protection que nul n'avait découvert encore[49]. L'industriel est donc chargé d'arracher lui-même à la science

(45) Voyez notamment pour les règlements d'atelier : Cons. d'État, 11 mars 1881, Lauriaux. D. 1882, 3, 83; S. 1882, 3, 53; — pour les règlements des caisses de secours mutuels subventionnées par le patron : C. de Dijon, 24 juillet 1874, S. 1875, 2, 73; — pour les polices d'assurance contre les accidents : Civ. cass. 1er juillet 1885. D. 1886, 1, 201; S. 1885, 1, 409. — C. de Nancy, 26 janvier 1884. D. 1885, 2. 95.

(46) C. de Paris, 12 mai 1866, D. Rép. V° *Ouvriers*, n° 96, note 3. — C. d'Orléans, 11 décembre 1890. D. 1891, 2, 383.

(47) Trib. civ. de Grenoble, 25 janvier 1894. D. 1895, 2, 394. — Comp.: Trib. civ. de Mulhouse, 18 janvier 1867. D. Rép. V° *Ouvriers*, n° 96, note 2. — C. de Besançon, 11 décembre 1889, *Gazette des Tribunaux* du 25 janvier 1894.

(48) C. de Grenoble, 6 février 1894. D. 1894, 2, 304.

(49) Req. 7 janv. 1878. D. 1878, 1, 297; S. 1878, 1, 412.

son dernier mot. Rien ne le doit arrêter pour perfectionner l'outillage de son usine, et les innovations coûteuses moins qu'autre chose. Le juge le lui apprendra tous les jours à ses dépens et du rapprochement de tous les arrêts. se dégagera lentement une véritable réglementation du travail. Rien n'y manquera, ni les devoirs généraux du maître, ni ses obligations de détail[50]. L'ouvrier y reconnaîtra aisément la prescrip-

(50) C'est ainsi qu'on trouve dans de nombreux arrêts, proclamées à la charge du patron : 1° l'obligation générale de veiller à la sécurité de ses ouvriers (C. de Dijon, 27 avril 1877 et sur pourvoi, Req. 7 janvier 1878. D. 1878, 1, 297 ; S. 1878, 1, 413) ; — 2° l'obligation spéciale de les prémunir contre les effets de leur propre imprudence (C. de Paris, 21 décembre 1874. D. 1876, 2, 72. — C. de Caen, 17 mars 1880. D. 1881, 2, 80.— C. de Paris, 29 mars 1883. D. 1884, 2, 89. — C. de Grenoble, 17 mai 1892. D. 1892, 2, 292) ; — 3° l'obligation plus spéciale d'exercer une surveillance particulièrement attentive sur les enfants employés dans l'usine (C. de Lyon, 9 décembre 1854. S. 1855, 2, 606. — C. de Paris, 12 mai 1866, précité. — C. de Lyon, 26 avril 1871. S. 1871, 2, 156; D. 1871, 2, 41. — C. de Besançon, 14 novembre 1888. D. 1890, 2, 239. — C. d'Orléans, 11 décembre 1890, précité).

Pareillement, au point de vue de l'organisation du travail dans les différentes industries, les arrêts fournissent au patron l'indication précieuse de toute une série de défectuosités susceptibles d'engager sa responsabilité civile au cas d'accident : aérage défectueux dans les mines (C. de Lyon, 19 mai 1868. D. Rép. V° *Ouvriers*, n° 95, note 1) ; ventilation insuffisante dans les industries où l'ouvrier est exposé à l'action de gaz délétères. (C. de Paris, 24 août 1877, D. 1878, 2, 97) ; absence d'appareils protecteurs autour des machines dangereuses (C. de Lyon, 9 décembre 1854, S. 1855, 2, 606. — C. de Paris, 4 février 1870. D. 1870, 2, 111 ; S. 1870, 2, 326. — 21 décembre 1874. D. 1876, 2, 72. — C. d'Orléans, 11 décembre 1890. D. 1891, 2, 383) ; insuffisance d'éclairage dans les ateliers (C. de Grenoble, 17 mai 1892, précité) ; insuffisance du repos accordé aux ouvriers employés à un service de nuit (Req. 13 février 1882. D. 1882, 1, 419. — Req. 24 février 1896. D. 1896, 1, 327) ; absence de gardecorps sur les bateaux (C. de Grenoble, 20 décembre 1892. D. 1893. 2, 534) ou sur les vigies de wagons (C. de Paris, 30 juillet 1892. D. 1893, 2, 485), etc.... — Comp. encore ; C. de Lyon, 20 juin 1873. D. 1873, 2, 189. — C. d'Orléans, 13 décembre 1884. D. 1886, 2, 12. — Req. 7 mars 1893. D. 1893, 1, 208.

tion que le patron aura méconnue, et de ce chef on peut dire qu'il ne connaîtra guère la difficulté de la preuve.

Il pourra cependant, semble-t-il, la connaître à l'autre point de vue que je signalais. Quand il aura montré par où péchait la conduite du maître, l'article 1382 strictement appliqué exigera de lui autre chose pour faire naître son droit à indemnité. Il faudra établir que cette négligence reconnue a été la cause directe et immédiate de l'accident, ou, suivant la saisissante image de M. Desjardins, qu'elle l'a enfanté « comme les prémisses d'un syllogisme enfantent sa conséquence ». Rien de plus simple, assurément, si le fait de la victime n'apparaît pas dans l'enchaînement des faits qui ont précédé l'accident, comme c'est le cas pour ce mineur écrasé dans l'éboulement d'une galerie mal boisée[51] ou pour cet autre, anémié par le travail prolongé dans une mine mal aérée[52].

Mais le plus souvent, les choses ne vont pas de la sorte. Dans la catastrophe à expliquer, ce qui précède immédiatement l'accident, c'est le fait même de la vic-

(51) C. de Lyon, 20 novembre 1894. D. 1895, 2, 382. — Comp. C. de Paris, 27 septembre 1843. D. Rép. V° *Responsabilité*, n° 631, note 1.

(52) C. de Lyon, 19 mai 1868, précité. — Comp. C. de Paris, 24 août 1877, précité. — La difficulté de la preuve au point de vue que nous envisageons ne se présente guère non plus lorsque le fait de la victime apparaît en quelque sorte comme dominé par celui du maître lui-même, par exemple lorsque l'acte de l'ouvrier est l'exécution pure et simple d'un ordre reçu auquel il devait obéir (C. de Lyon, 9 décembre 1854, précité. — Req. 8 février 1875. D. 1875, 1, 320. — Cons. d'État, 11 mars 1881. D. 1882, 3, 83 ; S. 1882, 3, 53. — Civ. cass. 28 août 1882. D. 1883, 1, 239. — Req. 5 mars 1888. D. 1888, 1, 359. — C. de Grenoble, 17 mai 1892. D. 1892, 2, 293).

time, c'est sa part d'initiative propre, c'est le faux mouvement ou la fausse manœuvre sans lesquels le danger latent ne se fût pas réalisé. Le fait du patron n'apparaît plus alors qu'en l'éloignement des causes lointaines et imprécises. Il n'est plus générateur immédiat de l'accident : il ne rentre donc plus dans la conception rigoureuse et traditionnelle de la faute au sens de l'article 1382 et si le juge conserve à cette conception toute sa pureté, ce sera en fait l'irresponsabilité à peu près absolue du patron.

L'esprit d'équité s'accommode mal de ce résultat. La jurisprudence s'en ressent et la plus curieuse évolution s'y dessine. On y voit la notion de la faute s'altérer progressivement et se transformer de jour en jour. La relation de cause à effet qui rattache la faute à l'accident tend à s'affaiblir, elle se relâche, elle se disjoint, et un jour l'arrêtiste surpris la cherchera vainement dans la décision du juge [53]. Ainsi, lorsque la négligence ou la maladresse de la victime suffirait à expliquer l'accident, le juge ne s'y arrête pas [54]. Il remonte plus haut, dans

(53) M. RAYMOND SALEILLES (*Les accidents de travail et la responsabilité civile*) a mis en très vive lumière cette évolution de la jurisprudence. — M. LARNAUDE, dans une brillante improvisation à la séance de la Société générale des prisons du 18 décembre 1895 avait déjà montré la crise singulière que subit à l'heure actuelle la théorie traditionnelle de la faute. La thèse du risque professionnel, y disait-il notamment, n'est pas autre chose que « l'abandon complet de cette théorie de la faute, théorie exclusivement et étroitement individualiste qui ne peut plus suffire dans les conditions nouvelles faites à l'industrie, par suite des transformations apportées à la technique de la production. » (*Revue pénitentiaire*, janvier 1896, p. 15).

(54) C. de Paris, 4 février 1870. S. 1870, 2, 324. — C. de Lyon, 26 avril 1871. D. 1871, 2, 41 ; S. 1871, 2, 156. — C. de Paris, 21 décembre 1874. D. 1876, 2, 72. — C. de Caen, 17 mars 1880. D. 1881, 2, 80. — C. d'Orléans,

la série des causes simplement possibles. Il recherche si le patron n'a pas lui-même quelque chose à se reprocher et lorsqu'il trouve dans la tenue générale de l'atelier une simple irrégularité, il la retient; il l'envisage beaucoup moins dans ses rapports avec l'accident qu'en elle-même, dans sa matérialité objective, et comme sanction, il met d'emblée à la charge du patron tous les risques du travail. Témoin cet industriel qui avait retenu un ouvrier mineur au delà de la limite légale de la journée de travail et qui, pour cette seule raison, était déclaré responsable de l'accident survenu à cet ouvrier par sa propre imprudence[55].

Mais, dès lors, en affirmant encore que les victimes d'accident devaient justifier d'une faute de leur patron dans les termes de l'article 1382, les arrêts ne rendaient plus qu'un platonique hommage à la théorie classique du Code. Cet hommage supprimé, la théorie du risque professionnel devait entrer de plein pied dans la jurisprudence et ce fut en effet l'aboutissement final de cette prodigieuse évolution commencée sur l'article 1382.

La jurisprudence administrative se laisse la première dominer par cette conception nouvelle des exigences de la justice sociale et dans un arrêt dont le laconisme n'atténue guère la significative hardiesse, le Conseil d'État consacre véritablement la théorie du risque pro-

4 juillet 1884, D. 1886, 1, 94. — C. de Besançon, 14 novembre 1888, D. 1890, 2, 239. — C. de Lyon, 24 avril 1894. D. 1895, 2, 51. — Comp. C. d'Orléans, 13 décembre 1884. D. 1886, 2, 12. — C. d'Alger, 23 mai 1892. D. 1894, 2, 47. — Req. 7 mars 1893, D. 1893, 1, 208 ; S. 1893, 1, 292.

(55) Civ. cass. 7 août 1895, D. 1896, 1, 81 ; S. 1896, 1, 127. — Comp. C. de Douai, 5 novembre 1858, D. Rép. V° *Ouvriers*, n° 98, note 1.

fessionnel[56]. Saisi de la demande d'un ouvrier blessé à l'arsenal de Tarbes, il n'hésite pas en effet à proclamer la responsabilité de l'État en l'absence pourtant reconnue de toute faute imputable à l'administration. M. le Commissaire du Gouvernement Romieu s'efforce bien de justifier d'avance cette décision par je ne sais quel principe de droit public qui soustrairait entièrement la responsabilité de l'État vis-à-vis de ses agents aux règles du droit commun, laissant ainsi le juge administratif en face de ses propres lumières et de sa conscience. Mais en passant, il donne de ce droit commun une interprétation qui mérite d'être rappelée : « Nous sommes convaincus, dit-il, que rien dans le Code civil ne s'oppose à ce que le patron soit déclaré responsable vis-à-vis de l'ouvrier des accidents auxquels ce dernier se trouve exposé par les conditions mêmes du fonctionnement de l'établissement industriel. Se fonde-t-on sur les articles 1382 et suivants ? Nous trouvons le principe posé par l'article 1384 § 1er d'après lequel on est responsable non seulement du dommage que l'on cause par son propre fait, mais encore de celui qui est causé par le fait des personnes dont on doit répondre ou des choses que l'on a sous sa garde. »

C'est à peu près, Messieurs, l'interprétation que moins d'une année après, la Chambre civile allait consacrer à l'encontre de l'industrie privée. Invoquant à son tour et d'office l'idée d'une responsabilité du fait des choses fondée sur l'article 1384 du Code civil, elle

(56) Cons. d'État, 21 juin 1895, avec les conclusions de M. le Commissaire du gouvernement ROMIEU, D. 1896, 3, 65.

en conclut que le patron répond de l'explosion de ses chaudières, alors même qu'il n'a pu ni prévoir le mal ni le prévenir [57], et, supprimant ainsi dans un cas donné jusqu'au dernier vestige d'une responsabilité patronale fondée sur l'idée ancienne de la faute, elle acclimate en réalité dans la jurisprudence cette théorie du risque professionnel que le législateur devait s'approprier dans la loi de 1898 et dont on a pu dire sans exagération qu'elle est en train de « faire le tour du monde et de révolutionner partout la législation du travail. »

Par l'extension progressive du principe de la responsabilité quasi-délictuelle, la jurisprudence avait donc été insensiblement conduite à donner asile aux conceptions les plus modernes sur la sécurité due aux travailleurs.

***

Je voudrais, Messieurs, vous montrer enfin comment le même principe lui permit d'arriver de prime saut à la protection la plus efficace de la liberté du travail le jour où, par un de ces retours dont l'histoire est pleine, ce furent les travailleurs eux-mêmes qui y portèrent aveuglément la main.

Ce n'est certes ni aux assemblées révolutionnaires ni au législateur du premier Empire qu'il faudrait repro-

(57) Civ. rej., 16 juin 1896, D. 1897, 1, 433 et la note de M. Saleilles ; S. 1897, 1, 17 et la note de M. Esmein. Il faut toutefois reconnaître que la portée de cet arrêt semble avoir été singulièrement restreinte par l'arrêt de la Chambre des requêtes du 30 mars 1897. D. *ibid.*; S. 1898, 1, 71. — Comp. sur la responsabilité du fait des choses, un arrêt intéressant de la Cour de Lyon, du 13 décembre 1854. D. 1855, 2, 86.

cher d'avoir méconnu le caractère auguste de cette liberté. Le souvenir des scandaleux privilèges sous lesquels l'ancien régime corporatif l'avait étouffée restait trop vivace encore pour ne point leur souffler la haine de la tyrannique oppression à laquelle ce régime avait finalement abouti.

Le premier souci de la Révolution fut donc de décréter l'abolition des jurandes et des maîtrises et de proclamer sur leur ruine le principe moderne de la liberté du travail[58]. Mais l'excès même de la passion qui avait ainsi assuré au travailleur la conquête de sa première liberté lui en coûta bientôt une autre sans laquelle celle-là ne pouvait avoir pour lui toute sa valeur : je veux dire la liberté des coalitions. Pour éviter la résurrection des maîtrises et des jurandes, la Constituante crut en effet nécessaire de décréter l'isolement forcé du travailleur, et dans la loi du 17 juin 1791 elle interdit « aux citoyens d'un même état ou profession, entrepreneurs, ouvriers, compagnons, lorsqu'ils se trouvent réunis, de se nommer des présidents, secrétaires ou syndics, de tenir des registres, prendre des arrêtés ou délibérations, de former des règlements sur leurs prétendus intérêts communs ou de faire entr'eux des conventions tendant à renoncer de concert ou à n'accorder qu'à un prix déterminé le concours de leur industrie et de leurs travaux[59]. »

Vous savez, Messieurs, comment la loi du 22 germinal an XI d'abord, le Code pénal de 1810 ensuite, dans ses articles 414 à 416, ont proscrit à leur tour les coali-

(58) Loi du 2 mars 1791.
(59) Loi du 17 juin 1791 (Art. 2).

tions et maintenu ce régime qu'on a très bien défini le régime du « tête-à-tête forcé » du patron et de l'ouvrier (60).

Avec les progrès rapides de la grande industrie, l'expérience de chaque jour montra vite ce qu'il valait en pratique et la part de liberté qu'il laissait en fait à l'ouvrier. Le traité de gré à gré entre le maître et l'ouvrier, ce fut, suivant l'expression de Berryer, « le traité de la faim » ; ce fut, suivant le mot de Léon XIII devenu le pape des prolétaires, « le travailleur isolé et sans défense livré à la merci de maîtres inhumains et à la cupidité d'une concurrence effrénée. »

Les secousses sociales qui s'en suivirent dénoncèrent enfin l'erreur capitale qu'avait commise la première assemblée révolutionnaire. Le législateur du second Empire y prit lui-même une leçon de libéralisme, et par la loi du 25 mai 1864, il essaya d'organiser le marché collectif du travail en proclamant la légalité de la coalition et de la grève. Le problème n'était pourtant qu'à moitié résolu encore. Si l'on voulait permettre effectivement aux travailleurs d'unir leur faiblesse pour en faire une force, c'était le droit de réunion et mieux encore le droit d'association qu'il fallait leur reconnaître. La loi du 6 juin 1868 leur a octroyé le premier ; celle de 1884 sur les syndicats professionnels leur a définitivement assuré l'exercice du second.

Mais en fortifiant ainsi le droit de grève d'une franchise nouvelle, le législateur de la troisième Républi-

(60) Sauzet, *Essai historique sur la législation industrielle de la France* (*Revue d'économie politique*, août 1892, p. 890).

que a senti qu'il risquait de mettre la liberté du travail en péril. Se souvenant des leçons de l'histoire, les petits-fils ont alors tenté l'œuvre dans laquelle les grands-pères avaient échoué. Ils ont cherché à concilier l'organisation de la collectivité ouvrière avec le droit primordial de l'individu. Ils n'ont pas décrété la corporation obligatoire, mais ils ont proclamé l'association syndicale libre. Ils n'ont pas déclaré licites les violences ou les menaces qui porteraient atteinte à la liberté du travail, mais ils ont rayé de nos lois pénales le texte de l'article 416 qui réprimait la proscription et la mise à l'interdit.

Les événements ont déjà montré dans quelle mesure le législateur de 1884 a mené à bien l'œuvre de conciliation à laquelle il s'était essayé. Ils n'ont pas seulement fait éclater l'antagonisme inévitable de l'intérêt patronal et de l'action syndicale. Ils ont en outre mis aux prises le droit collectif de la masse ouvriére avec le droit individuel du travailleur. La mise à l'index, la menace de grêve, devenues aux mains des syndicats l'arme la plus redoutée des patrons, se sont révélées aussi comme une force autrement redoutable à l'ouvrier lui-même. Le salarié moderne a subi à son tour l'oppression des majorités ; il a connu les chartes et les décisions syndicales auxquelles il faut adhérer et se soumettre sous peine d'être mis à l'index, c'est-à-dire d'être condamné à mourir de faim. Et quand il a vu la force nouvelle du salariat se tourner contre lui et menacer sa propre liberté, c'est encore à la justice du magistrat qu'il a fait appel.

Le juge a repris alors le vieux thème de la responsabilité délictuelle. Il a découvert à l'article 1382 une nouvelle vertu sociale que les auteurs du Code ne lui avaient pas soupçonnée et que le législateur de 1884 lui-même avait peut-être méconnue. Il y a vu la sauvegarde du droit de l'individu et à défaut de la loi pénale qui n'incrimine plus la mise à l'index et la menace de grêve, c'est à ce texte qu'il a eu recours pour en réprimer les abus.

Les Tribunaux en sont venus à contrôler l'exercice du droit de coalition tout comme ils avaient contrôlé l'exercice de la puissance paternelle. La grêve n'est plus déjà l'œuvre d'une collectivité nécessairement irresponsable. Ceux qui la dirigent ou qui la soutiennent peuvent engager leur responsabilité civile, — un député et un journaliste l'apprennent un jour à leurs dépens [61]. Le patron y trouve quelquefois son profit [62] ; plus souvent encore c'est le travailleur lui-même qui y gagne.

Désormais, en effet, l'ouvrier est protégé contre l'implacable poursuite du syndicat dans lequel il a refusé d'entrer ou aux ordres duquel il a refusé d'obéir. Les menaces de grêve dictées par un esprit de malveillance qui ont eu pour but et pour effet d'imposer au patron son congé dûment injustifié, lui assurent des dommages-intérêts [63]. Et c'est ainsi que la jurisprudence la plus

(61) Req. 29 juin 1897. D. 1897, 1, 537, avec les conclusions de M. l'avocat général DUVAL et la note de M. DUPUICH ; S. 1898, 1, 17 et la note de M. ESMEIN.

(62) Arrêt précité du 29 juin 1897. — C. de Lyon, 2 août 1895 ; S. 1898, 2, 6. — Comp. C. de Bourges, 19 juin 1894. S. 1895, 2, 197.

(63) Civ cass., 22 juin 1892, avec les conclusions de M. le Procureur général RONJAT. S. 1893, 1, 41, et la note de M. JAY ; D. 1892, 1, 449. — Sur renvoi, C. de Chambéry, 14 mars 1893. D. 1893, 2, 191 ; S. 1893,

moderne, où s'ébauche déjà le Code de la grève, épargne encore au salarié de nos jours l'amère désillusion de voir la liberté centenaire du travail compromise par la licence toute nouvelle des coalitions et des syndicats.

Dans le conflit le plus poignant peut-être que cette fin de siècle ait réservé à son observation, le juge a retrouvé l'antithèse classique et désespérante du droit et du devoir moral et sa décision a redit une fois de plus que l'abus du premier appelle la sanction positive du second. Idée qui s'était déjà bien souvent traduite dans ses arrêts, — dont s'était progressivement imprégnée sa jurisprudence et qui marque à la fois comme l'unité et le caractère de son œuvre dans le domaine des questions sociales.

***

Car s'il fallait en terminant, Messieurs, exprimer d'un mot la conception générale qui résume et explique le mieux cette œuvre, je dirais presque, si je ne craignais d'emprunter ici au vocabulaire barbare de notre langue politique, que le juge a été « interventionniste » avant le législateur lui-même. Il a cru à l'efficacité sociale des prescriptions et des sanctions d'ici-bas, et il y a cru simplement parce que cette foi est restée celle de ce siècle qui en renia tant d'autres. L'avenir dira avec certitude ce que valait le nouveau credo de l'hu-

2, 139. — C. de Lyon, 2 mars 1894. D. 1895, 2, 305 et la note de M. Planiol ; S. 1894, 2, 306. — C. de Lyon, 15 mai 1895. D. 1895, 2, 310 ; S. 1896, 2, 30. — Trib. civ. de la Seine, 15 juillet 1895. D. 1895, 2, 312. — Civ. cass., 9 juin 1896, avec les remarquables conclusions de M. l'Avocat général Desjardins. D. 1896, 1, 582 ; S. 1897, 1, 25.

manité et s'ils n'ont pas effroyablemeut erré tous ceux qui contribuèrent à le lui apprendre. Espérons qu'il dira surtout son inutilité future et qu'après avoir décrété à coup de réglementations le règne de la fraternité entr'eux, les hommes pourront enfin attendre sa venue de l'adhésion libre et spontanée de chacun et de tous à la loi morale. Mais cela c'est un rêve encore ! Et la jurisprudence, c'est de la réalité.

Cette jurisprudence, Messieurs, elle a été, sur le terrain où je l'ai envisagée, ce qu'elle devait être : l'initiatrice persévérante à qui revenait de dire le devoir primordial de tout ce qui est fort pour tout ce qui est faible, et l'ouvrière patiente et silencieuse aussi à qui revenait de faire évoluer le progrès juridique parallèlement au progrès des idées et des mœurs.

Le juge, il faut enfin le reconnaître, a fait au cours de ce siècle, pour les humbles, ce que leur souffrance pouvait et ce qu'elle devait attendre de lui. A l'enfant maltraité, à la femme abandonnée, à l'ouvrier menacé dans son salaire, dans sa santé ou dans sa liberté, ses sentences ont su inspirer autre chose que le désespoir sans issue ou la révolte sans profit. Pour eux, il a fait plus et mieux peut-être que trois générations de législateurs et vingt séries de législatures. Il leur a adouci l'attente douloureuse des réformes législatives aussi facilement ajournées que promises. Ces réformes, il les a souvent préparées. Pour tout dire, de la loi inerte et inflexible, il a su tirer une jurisprudence vivante et souple. Il a rempli à son honneur le rôle naturel qui lui était dévolu.

Car c'est bien la fonction naturelle du juge, sous l'empire de la loi écrite, de modeler sur les formes incessamment nouvelles de la vie sociale l'interprétation des textes dont ses décisions doivent s'inspirer. Tout évolue! disait le vieil Héraclite, et la vie des peuples n'échappe pas à la fatalité commune. Seule, la loi écrite demeure, immobile reflet des conceptions passées et des doctrines mortes. Au juge de la vivifier à son tour en l'appliquant! A lui de dégager dans la bataille des controverses, dans la mêlée confuse des intérêts et des passions les besoins réels de l'organisme social de son temps et à lui aussi d'y suffire en attendant que la loi y réponde pleinement elle-même! On l'a pu dire avec raison : « Une jurisprudence sans flexibilité n'est pas le moindre fléau d'une société. »[64]. Ce fléau, Dieu merci, nous ne l'avons pas connu. Mais je me demande, Messieurs, si nos législateurs ne sont pas en train de le préparer à ceux qui nous suivront.

La loi moderne ne se contente plus en effet d'être tout et d'être partout. Elle aspire encore à tout faire et à tout prévoir. Aucun détail ne doit plus lui échapper ; aucun plaideur ne doit plus la prendre en défaut. L'énumération des espèces y domine l'énonciation des principes. Nous n'en sommes plus seulement à la conception anglaise d'une loi qui, pour être parfaite, doit se développer en d'interminables formules. Nous revenons au système barbare lui-même des compositions légales où tout est tarifé d'avance. La législation sur les accidents du travail, cette loi de 1898 qui marque comme le dernier effort législatif de ce siècle dans le domaine des ques-

(64) Sainctelette, *De l'importance et de la difficulté de l'appréciation du fait*. (*Revue critique*, 1884, p. 178).

tions sociales accuse mieux qu'aucune autre la tendance fâcheuse de notre époque. Le pouvoir du magistrat semble effrayer. On l'enchaîne, on l'étouffe, et du train dont vont les lois, la fonction de juger se réduira finalement à la simplicité dégradante d'une opération mécanique.

Ce jour-là, Messieurs, nous n'aurons pas moins d'arrêts peut-être, mais nous n'aurons plus une jurisprudence vivante et forte. L'œuvre judiciaire n'en continuera pas moins à révéler les inévitables imperfections de la loi humaine, mais elle n'aura ni la même souplesse ni la même fécondité pour l'adapter aux transformations incessantes de la vie sociale et en préparer le progrès. Pour avoir suspecté l'initiative du juge, le législateur aura faussé le merveilleux instrument d'adaptation qui peut seul donner à l'œuvre législative toute son utilité. Pour avoir voulu se suffire à elle-même, la Loi se sera privée de l'auxiliaire précieux sans lequel elle ne peut vivre et durer.

En redoutant encore, par un véritable anachronisme, l'arbitraire des anciens Parlements, on en arrive aujourd'hui à méconnaître les enseignements les plus généraux de l'histoire ; on oublie que la liberté d'appréciation laissée au juge n'a pas toujours été le moindre indice d'un organisme social perfectionné et que le besoin de la restreindre a été souvent, au contraire, le signe « d'un affaiblissement public de la notion du droit ou d'une recrudescence de passions sociales qui menacent d'étouffer tout sentiment d'impartialité et de justice »[65]. On oublie trop surtout l'organisation judiciaire

(65) Marc Sauzet (*Revue critique*, 1883, p. 694).

dont notre pays est doté et l'existence de ce Tribunal auguste qui sait mesurer au juge l'indépendance dont il peut avoir besoin. On méconnaît trop les services qu'il a rendus, et au législateur qui ne croirait plus à ceux qu'il peut rendre encore, je redirais avec Balzac : « Se défier de la magistrature est un commencement de dissolution sociale. Détruisez l'institution, reconstruisez-là sur d'autres bases, mais croyez-y. »

Paris. — Imp. Maréchal et Montorier.

www.ingramcontent.com/pod-product-compliance
Ingram Content Group UK Ltd.
Pitfield, Milton Keynes, MK11 3LW, UK
UKHW022145170726
13837UKWH00004B/1800

9 782329 135762